PROJET

DE

RÉORGANISATION GOUVERNEMENTALE

PAR

AMÉDÉE LANCRAY

PARIS

AUGUSTE GHIO, ÉDITEUR

PALAIS-ROYAL, 1 3, 5 ET 7, GALERIE D'ORLÉANS

—

1888

PROJET

DE

RÉORGANISATION GOUVERNEMENTALE

PROJET

DE

RÉORGANISATION GOUVERNEMENTALE

PAR

AMÉDÉE LANCRAY

PARIS

AUGUSTE GHIO, ÉDITEUR

PALAIS-ROYAL, 1, 3, 5 ET 7, GALERIE D'ORLÉANS

—

1888

Tous droits réservés

PROJET

DE

RÉORGANISATION GOUVERNEMENTALE

Le moment semble venu, après les divers événements qui ont surgi récemment, de rechercher s'il ne serait pas possible d'établir en France un gouvernement durable sous lequel il fût loisible à tous les Français de crier : Vive la France !

Le projet, que nous allons exposer, paraîtra sans doute trop monarchique aux républicains, trop républicain aux monarchistes. Nous nous permettons de penser qu'il a l'avantage de respecter les droits de tous en laissant à chacun toutes ses espérances.

I

Notre premier article est ainsi conçu :

Art. 1.— Le chef de l'État prend le titre de Président de France. Il est élu pour sept ans par le suffrage universel et rééligible.

Il est responsable et commande les armées de terre et de mer ; il choisit ses ministres en dehors des Chambres parmi des spécialistes.

A l'expiration de son mandat, il peut faire afficher de nouveau sa candidature aux frais de l'État. S'il ne se représente pas comme candidat à la Présidence, il doit faire connaître le nom de celui qu'il considère comme le plus digne de lui succéder, et ce nom est affiché aux frais de l'État dans toutes les communes de France.

Il remet à son successeur un mémoire écrit sur la ligne politique suivie et à suivre dans ses relations avec l'extérieur.

Le Sénat et la Chambre des députés présentent également un candidat dans les mêmes conditions.

Le chef de l'État peut être mis en accusation par le Sénat de concert avec la Chambre des députés : il y a alors dissolution de droit de la Chambre des députés, et une nouvelle Chambre est élue avec mandat unique de le juger. Le président du Sénat est dans ce cas provisoirement investi du pouvoir exécutif.

Les monarchistes, à l'exemple des impérialistes, admettent aujourd'hui le suffrage universel comme base de leur restauration, mais pour une fois seulement, en lui reniant ses droits pour l'avenir. Nous croyons que la monarchie, si longtemps et si brillamment représentée par les différents princes qui ont régné sur la France, ne peut suppléer par la tradition aux nécessités qui s'imposent aux gouvernements modernes. Il faut aujourd'hui que le chef d'un État d'Europe soit le premier de son pays, non seulement par sa naissance, mais surtout par son expérience et par ses talents.

Le régime parlementaire est devenu un luxe

inutile dont s'accommode mal notre époque éminemment pratique. C'est en effet une simple fiction par laquelle on a supprimé la royauté en conservant le roi, et dont le système de bascule qui oblige le prince à choisir ses ministres parmi les membres de la majorité est bien la conception la plus singulière qu'il soit possible d'imaginer.

Le chef de l'État d'aujourd'hui doit être le premier ministre d'autrefois, et non un personnage de parade uniquement chargé de recevoir les divers ambassadeurs ou souverains qui peuvent visiter Paris.

Pour nous, l'idéal du vrai chef d'État est celui du père de famille qui doit aide et protection à tous ses enfants, celui du directeur de société industrielle ou commerciale à qui les actionnaires s'en remettent du choix des meilleurs moyens pour arriver au but, qui est la prospérité de l'entreprise. Les actionnaires choisissent le directeur, mais, celui-ci une fois choisi, ils se gardent bien de discuter et de commenter le moindre de ses actes, même avant leur exécution ; ils se bornent à contrôler ses comptes et les résultats obtenus.

Le premier devoir de ce chef serait donc de briser nettement avec cet esprit de parti qui a fait tant de mal à la France depuis cinquante ans et d'amener enfin le règne de la tolérance en respectant les convictions de chacun, sans laisser croire ou dire jamais que c'est d'après leurs opinions politiques que l'on juge de la valeur des hommes. Il devra appliquer dans toute sa justice cette conquête de la révolution de 1789 : l'admissibilité de tous à tous les emplois sans distinction de parti.

Les princes des maisons de Bourbon ou Bonaparte seraient, comme tous les autres citoyens, admis à poser leur candidature à la première magistrature de l'État, et nous pensons qu'ils connaissent assez l'histoire pour ne pas songer à abuser de cette magistrature, si jamais elle leur était confiée. Ils devront se souvenir que c'est parce qu'ils n'avaient pas une origine inattaquable que leurs gouvernements ont disparu tour à tour depuis le commencement de ce siècle, et qu'à défaut d'armes légales, on a toujours pu se servir contre eux de la révolution. Il semble donc superflu de craindre qu'ils cherchent à s'emparer pour toujours du pouvoir, puisque depuis le commencement du siècle pareille tentative n'a jamais abouti définitivement.

Art. 2. — Le Sénat comprend trois cents membres dont un quart est inamovible et nommé par le Sénat lui-même, et les trois autres quarts élus pour neuf ans au suffrage universel et renouvelés par tiers. Les maréchaux, les amiraux, les cardinaux, les présidents de la Cour de cassation, sont en outre sénateurs de droit et à vie.

Les députés sont nommés pour cinq ans au scrutin d'arrondissement.

L'Assemblée constituante a seule mandat pour faire ou modifier la constitution : elle se compose du Sénat et d'un nombre de députés égal à celui de la Chambre des députés, mais élus spécialement et uniquement pour faire partie de la Constituante.

Elle est convoquée par le chef de l'État, sur la demande du Sénat et de la Chambre des députés, qui fixent les articles sujets à révision.

La suppression du Sénat est réclamée depuis

longtemps sous prétexte que le mode d'élection actuellement usité n'en fait pas la représentation directe de la nation. En adoptant l'élection des sénateurs par le suffrage universel, on fait disparaître cette objection futile, et en donnant à ceux-ci un mandat de plus longue durée on les revêt d'une autorité supérieure à celle des députés, ce qui rentre dans la logique naturelle des situations.

Il semble nécessaire de faire entrer de droit au Sénat les représentants les plus élevés dans la hiérarchie de l'armée, de la magistrature et du clergé parce que, mieux que personne, ils seront en état de défendre dans cette assemblée les droits et les intérêts de ces institutions, qui sont le fondement de tout État moderne.

Nous pensons que le scrutin d'arrondissement doit être pour les élections préféré au scrutin de liste, et voici pourquoi : les électeurs d'un arrondissement peuvent connaître le candidat qui brigue leurs suffrages et se renseignent suffisamment sur lui, les électeurs d'un département ne le peuvent pas. L'admission ou la prohibition d'une seule individualité peut les entraîner à des aberrations dont ils ne se doutent pas.

La tâche et la situation des députés deviendront d'ailleurs bien plus simples le jour où, comme nous le proposons, tous les fonctionnaires de l'État seront *inamovibles* et classés suivant une hiérarchie par tous les degrés de laquelle il faudra passer pour arriver aux emplois supérieurs par analogie à ce qui se fait dans l'armée.

Et l'État gagnera à cette inamovibilité d'être

servi avec plus de compétence et moins d'ostenta-
tion.

Nous croyons indispensable d'organiser les pou-
voirs publics de façon à ce que la constitution gouvernementale et l'organisation qui en découle ne
puissent être modifiées, qu'après une série de formalités qui imposent le temps de la réflexion et
tiennent en bride ce premier élan, contre-partie de
la *furia francese* et qui nous a portés trop souvent
à détruire, sans raison suffisante, les institutions les
plus utiles et les plus éprouvées.

Il est bon d'autre part que la Chambre des députés,
d'où partiront le plus probablement les projets de
revision, ne puisse pas être dans l'examen de ces
projets à la fois juge et partie, et enfin que, par des
élections, le pays soit appelé à faire connaître son
opinion sur les questions à résoudre.

Art. 3. — *Conseil d'État.* — Le conseil d'État est
chargé d'étudier tous les projets de loi présentés aux
Chambres ou à la Constituante ; il délègue un ou plusieurs de ses membres pour faire connaître son avis
aux Chambres réunies en séance.

Il est indispensable que les lois adoptées par les
Chambres rentrent dans les données générales de
la législation en cours, et ce sont des spécialistes
seuls qui, placés en dehors des questions de per-
sonnes et de partis, sont susceptibles d'intervenir
pour faire ressortir à la fois les avantages et les
inconvénients que les projets de loi peuvent pré-
senter à ce point de vue.

II

Art. 4. — *Finances*. — Tous les impôts ou octrois actuellement existants sont supprimés sauf l'impôt sur les tabacs, l'impôt sur les alcools et les droits de douane.

Ils sont remplacés par un impôt proportionnel unique perçu sur toutes les propriétés bâties servant d'habitations en tenant compte, dans une juste mesure, du nombre d'enfants des intéressés.

Les directeurs, les employés des contributions indirectes et les percepteurs sont supprimés.

Il est organisé des régions, groupement de plusieurs départements pris en totalité ou en partie, en tenant compte des courants commerciaux, des situations géographiques et des communautés d'intérêt ou d'attraction, de façon à ce qu'il y ait autant que possible balance entre les recettes et les dépenses probables de chaque région.

Il est procédé à une nouvelle formation de départements, sous-unités des nouvelles régions. Dans chaque nouveau département, il est créé des arrondissements de finance.

A la tête de chaque région est placé, pour la direction des finances, un trésorier-payeur général qui concentre dans ses bureaux les opérations financières de la région et les soumet directement à la vérification de la Cour des comptes, le ministre n'intervenant que pour les opérations extraordinaires classées à part.

Dans chaque département est un receveur particulier, dans chaque arrondissement un percepteur.

La perception de l'impôt se fait au moyen de traites

trimestrielles établies et détachées d'un carnet à souches dans les bureaux de chaque percepteur : ces traites sont présentées au domicile de chaque contribuable par les soins de l'administration des postes.

Les pensions civiles et militaires ne sont plus dues ni instruites par l'État. Chaque catégorie de fonctionnaires possède une caisse de retraites spéciale qu'elle administre elle-même sous le contrôle de l'État.

Les bureaux de tabac sont concédés pour cinq ans sur mise en adjudication publique au fur et à mesure de l'extinction des titulaires actuels.

Les droits de douane actuels sont augmentés de la valeur des impôts supprimés qui frappaient les matières sur lesquelles ils portent. Il est établi de nouveaux droits sur l'exportation des chevaux de selle ou de guerre et des étalons ou couples reproducteurs des espèces chevalines, bovines, ovines et porcines.

Tous les immeubles cultivables ou boisés appartenant à l'État, aux communes ou aux établissements publics seront mis en vente dans un délai de trente ans afin de faciliter le contrôle de l'administration des finances, la régie directe, toujours plus coûteuse, ne devant être conservée qu'en cas de nécessité.

L'impôt unique est la tendance de notre époque, et nous croyons le moment venu de faire disparaître ces taxes bizarres que nous a léguées la féodalité et qui ne sauraient subsister dans notre simplification moderne.

Une des taxes les plus singulières est la patente des commerçants. Au temps où l'autorisation de faire commerce était accordée par le souverain comme un privilège ou un monopole, rien de plus logique ; aujourd'hui, où privilèges et monopoles ont plus ou moins disparu, il semble illogique de faire payer un impôt spécial par un commerçant qui travaille et n'en pas faire payer un au rentier qui ne travaille pas ou ne travaille plus.

On répondra, sans doute, que le commerçant fait payer largement ses frais par le consommateur et qu'à ce changement le commerçant seul gagnerait, que le prix des choses ne diminuerait en rien. Au premier jour il en sera peut-être ainsi, mais, grâce à cette tendance de notre temps vers les vastes entreprises et à la suppression des intermédiaires, on regagnera bien vite ce que l'on aura pu perdre momentanément, et l'on donnera surtout à notre commerce un essor dont il a grand besoin. Les frais journaliers sont si grands qu'on ose peu se risquer aux grandes affaires et les ruines qui s'accumulent chaque jour ne sont pas faites pour encourager l'esprit d'entreprise.

Les inventeurs ne trouvent pas de débouchés en France : pourquoi ? Parce que les frais d'établissement sont considérables et rendent le succès trop nécessaire pour qu'on en coure les risques. Le devoir du législateur doit être d'encourager tous ceux qui peuvent augmenter la fortune publique, en leur permettant d'arriver promptement à faire connaître et apprécier leurs découvertes.

L'appartement occupé par le contribuable ne permet pas de déterminer très exactement ses revenus probables, mais c'est la seule base simple et pratique que l'on puisse prendre pour la répartition de l'impôt.

Il est tout naturel que, dans l'évaluation de la valeur locative, l'appartement de garçon paie plus cher que l'appartement d'un ménage, et nous croyons d'une bonne morale en même temps que de toute justice de n'accorder de diminutions qu'aux ménages réguliers.

La suppression des impôts indirects et des octrois, source de revenus considérables pour l'État et pour les communes, entraînera la disparition d'un nombre très considérable d'employés de toute sorte ; ce qui diminuera d'autant les sommes à payer à l'État par le contribuable, lequel ne ressentira l'impôt que par l'augmentation de son loyer.

En conservant l'impôt sur les alcools, nous entendons qu'il soit frappé sur le producteur lui-même, les alcools devant ensuite circuler en toute liberté dans toute la France de jour comme de nuit sans que l'on ait besoin de ces laissez-passer qui absorbent les soins de tant d'employés.

Le groupement des départements par régions est déjà essayé en ce moment : nous le considérons comme un progrès considérable au point de vue économique, surtout si l'on fait pour chaque région une administration distincte.

Un des progrès le plus pratiques et le plus facilement réalisables sera le mode de perception de l'impôt que nous proposons. Tout le monde connaît les dérangements multiples, les attentes prolongées que nécessitent soit le paiement des contributions directes soit le paiement des droits d'octroi.

Le recouvrement de l'impôt au moyen de traites trimestrielles présentées par les agents des postes au domicile des contribuables fait disparaître tous ces inconvénients et permettra en outre de réaliser des économies considérables par la suppression d'un grand nombre d'employés devenus inutiles.

Nous croyons pouvoir poser en principe que l'État, simple gardien des lois et des citoyens à l'intérieur, protecteur à l'extérieur de ces mêmes citoyens et défenseur des intérêts généraux de la France, ne doit administrer lui-même que lorsqu'il ne peut pas faire autrement, l'initiative privée obtenant toujours des résultats bien plus économiques que la régie directe.

C'est pour ce motif, et en même temps pour pouvoir venir en aide au grand jour et dans des conditions suffisantes à des situations pour lesquelles on en est réduit souvent à implorer des secours vainement attendus, que nous considérons comme indispensable d'établir des caisses de retraite spéciales à chaque catégorie de fonctionnaires de l'État, caisses alimentées par des retenues faites à ces fonctionnaires et administrées sous le contrôle de l'État.

En faisant ainsi disparaître un des principaux motifs qui pouvaient militer en faveur du maintien du mode actuel de distribution des bureaux de tabac, nous estimons qu'il est avantageux pour l'État, en même temps que conforme à la saine morale, de mettre ces bureaux en adjudication.

On a tenté, paraît-il, plusieurs fois la mise en adjudication des divers immeubles ou forêts de l'État et l'on n'en a pas trouvé de prix suffisants : ce n'est pas une raison pour ne pas essayer encore, d'autant plus qu'il y a en ce moment une tendance logique et marquée vers la reconstitution de la grande propriété.

Tous les bras valides désertent les campagnes, et pour pouvoir cultiver il faudra nécessairement recourir aux machines, dont l'emploi est seul possible à la grande propriété.

Art. 5. — *Administration*. — Les préfectures et sous-préfectures actuellement existantes sont supprimées.

Il est établi un préfet par région et un sous-préfet par département.

Les conseils d'arrondissement sont supprimés.

Il est institué des conseils régionaux chargés de répartir l'impôt entre les divers départements de la région.

La suppression déjà proposée des sous-préfets a fait verser des flots d'encre et soulevé bien des récriminations : une petite ville sans sous-préfet se considérerait comme décapitée.

Les fournisseurs des sous-préfectures ne sont sans doute pas sans avoir pris part à ce concert de protestations, et les sous-préfets eux-mêmes doivent bien y être pour quelque chose. Cela prouve en tout cas combien la routine est entrée dans nos esprits et combien il est difficile de l'en faire sortir.

Une des idées qui paraîtront sans doute le plus subversives est la modification du rôle exclusif de représentants du pouvoir exécutif que possèdent actuellement préfets et sous-préfets et qui ne nous semble nullement indispensable. Pour nous, le représentant de l'État, dans une ville, doit être le fonctionnaire le plus élevé qui se trouve à poste fixe dans cette localité : ici, ce sera un général, là, un trésorier-payeur général, ailleurs un président de cour d'appel, etc..., car il nous semble que ce serait leur faire injure que de supposer qu'ils ne sont pas susceptibles de représenter dignement cette France, dont ils sont les enfants.

Art. 6. — *Commerce et industrie.* — La monnaie d'or est la seule monnaie acceptée par l'État. La monnaie d'argent n'est maintenue que pour l'appoint dans les paiements. Cet appoint ne saurait dépasser cinquante francs pour les sommes au-dessus de cent francs et vingt francs pour les sommes au-dessous.

Il sera installé, pendant cinq ans, des bureaux spéciaux, où l'on pourra échanger les pièces d'argent de l'Union latine contre des pièces d'or.

Il est établi des primes d'exportation pour les objets manufacturés. Ces primes sont allouées par trimestre, d'après les relevés de la douane, mais ne sont délivrées aux producteurs-expéditeurs qu'après déduction des impôts dus par eux.

Il est frappé des droits d'importation sur tous les objets et parties d'objets manufacturés ainsi que sur les bestiaux et les produits alimentaires dont les similaires existent en France.

Les consuls français à l'étranger sont spécialement tenus de signaler aux producteurs les contrefaçons dont ils seraient victimes et de mettre à la disposition de ceux-ci tous les moyens dont ils disposent pour faire cesser la confusion et obtenir justice.

Le libre-échange est le but auquel tendent les différentes nations du monde entier. Mais il ne saurait être avantageux pour la France, tant que celle-ci aura à amortir cette formidable dette publique qui la met dans l'impossibilité de produire à aussi bon marché que les autres peuples.

Nous croyons logique de ne plus conclure de

traités de commerce et de dénoncer les traités existants dès que ce sera possible.

Le système de la protection à outrance a merveilleusement réussi aux États-Unis et leur a permis de diminuer rapidement leur dette inscrite. Nous ne saurions, sans inconvénient, suivre complètement cet exemple, mais nous devons en profiter dans la mesure nécessaire pour sauvegarder le travail national.

Nous estimons qu'il faut se résigner à adopter l'unique étalon d'or, vu la crise monétaire dont souffrent les États-Unis et la diminution progressive de la valeur du métal-argent, afin de ne pas subir, à notre tour, le contre-coup de cette crise qui pourrait nous infliger des pertes considérables provenant de la différence entre la valeur de l'argent-monnaie et du métal-argent.

Les primes d'exportation pourront permettre aux produits français de lutter avantageusement avec l'étranger sur ses propres marchés.

III

Art. 7. — *Justice.* — Les droits de timbre et d'enregistrement actuels sont supprimés : ils sont remplacés par un droit fixe d'enregistrement proportionnel à la longueur des actes à enregistrer. Les droits sur les successions directes sont également supprimés.

L'inamovibilité de la magistrature ayant reçu des

atteintes, il importe de mettre la justice complètement en dehors de l'action gouvernementale.

A cet effet, chaque cour d'appel se recrute elle-même par voie de concours sous certaines conditions de pratique et d'instruction contrôlées par l'État : elle nomme à tous les emplois de juge, de procureur de la Cour (substitué au procureur de la République actuel) et de juge de paix de son ressort qui sont mis dans sa dépendance.

La Cour de cassation se recrute parmi les candidats proposés par les cours d'appel sauf approbation de l'État : elle nomme elle-même ses présidents. Ses membres, sous le titre de grands-juges ou contrôleurs de justice, visitent une fois par an chaque siège de tribunal pour y recevoir personnellement les réclamations des citoyens contre les juges, vérifier les registres des réclamations déposés dans chaque greffe, faire pour chaque réclamation une enquête sur place et décider en dernier ressort.

Les tribunaux administratifs sont supprimés.

Les affaires de leur ressort sont portées devant les tribunaux ordinaires.

Nous ne saurions trop faire remarquer quels avantages le gouvernement aussi bien que les particuliers trouveraient dans le nouveau système proposé pour la désignation des magistrats. L'État, n'étant plus responsable de la nomination de ceux-ci, acquerrait ainsi à leur égard une liberté de contrôle qu'il n'avait pas jusqu'ici, et pourrait intervenir au nom de cette même loi que le juge est tenu d'appliquer. Nous croyons en effet, contrairement aux principes posés par notre Code civil actuel, que le juge peut être soupçonné de partialité sans que ce soupçon puisse constituer un délit de la part de celui qui l'émet, car, pour nous, le seul moyen de forcer le juge à être toujours absolument intègre, c'est de le mettre dans la nécessité de ne pouvoir faire autrement en le tenant sous la menace incessante d'un appel aux premiers magistrats du pays.

Tout le monde sait combien la régularité du service est assurée dans les chemins de fer par ce registre des réclamations où tout particulier peut inscrire ce qu'il croit être son dû : il nous a semblé qu'il serait très judicieux d'adopter dans les tribunaux ce procédé très simple, qui aura surtout pour conséquence de diminuer ou de supprimer ces haines souvent mal fondées qui disparaîtraient sans doute devant la décision d'un membre de la Cour de cassation.

La justice est un des points qui tiennent le plus au cœur des Français, nous devons le dire à notre honneur, et c'est pour cela qu'il faudrait tâcher de mettre celle-ci au-dessus de tout soupçon.

La disparition des droits de timbre et d'enregistrement creuserait sans doute un grand vide dans les caisses de l'État, mais ces droits pèsent trop inégalement sur les contribuables pour que nous ne considérions pas comme indispensable de les supprimer.

Ce sont, en effet, les propriétaires d'immeubles et parmi eux les mineurs qui paient la plus grande part de ces droits souvent exorbitants. Un paysan meurt, possesseur d'une petite maison et d'un champ ; sur ce champ et sur cette maison que revient-il à son enfant mineur ? Quelquefois pas de quoi payer les frais, puisque la vente d'un immeuble revenant à un mineur entraîne une dépense minima de 1,200 francs. Ce sont là de ces énormités qu'il n'est que temps de faire disparaître de notre procédure.

Art. 8. — *Code civil.* — Les délais prescrits sont modifiés conformément au progrès moderne.

L'intéressé peut défendre lui-même sa cause, mais, s'il ne plaide pas lui-même, il ne peut se faire représenter que par un avoué ou un avocat.

Les exploits d'huissier sont remplacés par des significations faites par la poste sous pli chargé.

Il est créé des titres de propriété des immeubles. Ces titres, délivrés par les conservateurs des hypothèques, peuvent se transmettre par simple endos comme les valeurs mobilières.

La lenteur de la procédure et l'accumulation des affaires sont telles que, devant le tribunal civil de la Seine, il faut plus de trois ans en ce moment pour obtenir jugement dans un procès. Inutile d'insister sur les inconvénients d'une pareille organisation.

Pour simplifier la procédure, nous estimons nécessaire de n'accorder aucune rétribution aux avoués ou aux avocats pour présence dans une cause appelée qui est remise à huitaine ou à quinzaine ; il y a là quelquefois pour eux une source de revenus sur laquelle nous ne voulons pas insister davantage.

Il paraîtrait logique aujourd'hui, par suite des progrès de l'instruction, d'autoriser les parties en cause à plaider elles-mêmes, fait qui sans doute se présentera assez rarement, mais qui aura pour avantage de stimuler un peu l'ardeur des membres du barreau. Nous ne saurions admettre d'autre part la représentation des intéressés par des tiers, car ce serait livrer une mine d'or aux chevaliers d'industrie.

La création de titres de propriété des immeubles adoptée en Australie et avantageusement appliquée en Tunisie présenterait des avantages pécuniaires très importants pour les simples particuliers ; par contre, elle porterait atteinte aux privilèges actuels des notaires, privilèges qu'ils ont achetés de leurs deniers. Il serait sans doute possible d'indemniser les notaires des pertes qu'ils pourraient subir de ce chef, pertes provenant surtout de la diminution de la valeur vénale de leur charge, parce que les habitudes du public ne se modifieront qu'à la longue, et bien longtemps encore on fera des ventes par-devant notaire au lieu de les faire par-devant le conservateur des hypothèques. Peut-être attéindrait-on sans grands frais ce résultat en prenant au nom de l'État un contrat d'assurance sur la vie assurant au notaire ou à ses ayants droit le remboursement de l'indemnité jugée nécessaire.

ART. 9. — *Code pénal.* — La réclusion est classée comme peine plus forte que les travaux forcés, elle peut être cellulaire.

Les prisons actuelles sont remplacées par de vastes exploitations agricoles closes de murs.

Les condamnés, quelle que soit la durée de leur peine, et quel qu'ait pu être leur métier antérieur, doivent tous travailler la terre. Il ne leur est remis de pécule à leur sortie de prison qu'après déduction faite des dépenses qu'ils ont occasionnées à l'État.

Les condamnés libérés peuvent être attachés à ces exploitations agricoles dans des parties non encloses de murs : il leur est construit des maisons spéciales.

Nous croyons inutile d'insister sur la nécessité de classer la réclusion comme la peine la plus forte à infliger. Qui ne sait combien les condamnés désirent être envoyés à la Nouvelle-Calédonie plutôt que de rester dans une prison de France? Nous pensons que la philanthropie a trop amélioré le régime actuel des maisons de détention : il est inadmissible qu'un prisonnier boive du vin et des liqueurs aux frais de l'État, tandis que ce dernier se trouve trop pauvre pour en donner à l'honnête homme de soldat qui garde ce même prisonnier. Le détenu ne devrait avoir comme pécule que le surplus de ce qu'il pourrait gagner en outre des dépenses qu'il occasionne à l'État.

Il est dérisoire de réduire le travail d'un condamné à la tenue des écritures d'un établissement ou à des travaux de copie : aujourd'hui que le flot des déclassés monte de plus en plus, il faut les châtier en leur imposant ce qui leur répugne le plus, le travail manuel, et leur appliquer surtout l'égalité dans le châtiment. Et puis la vie au grand air, le rude labeur des champs les préservera peut-être de la corruption et du pervertissement dont nos maisons centrales se trouvent être le foyer; car c'est là que les malfaiteurs apprennent tous les perfectionnements dont leur métier est susceptible.

Art. 10. — *Instruction publique.* — L'internat est supprimé dans les lycées et collèges. Il est institué six mille bourses d'externat et quatre mille pensions d'externat pour les établissements d'instruction secondaire. La pension d'externat comprend la bourse d'externat plus la somme nécessaire pour subvenir à l'entretien et à la nourriture de l'enfant.

Les bourses et pensions sont attribuées par l'État, sur la proposition des inspecteurs généraux primaires et secondaires, aux enfants qui paraissent le mieux doués et qui sont dénués de fortune.

Chacune des académies actuelles prenant le titre d'Université se recrute elle-même sous le contrôle de l'État : elle nomme après un concours tous les professeurs et instituteurs de son ressort. Ses membres contrôlent l'instruction primaire.

Il est formé à Paris une Université supérieure sous le nom de Collège de France qui se recrute elle-même sous le contrôle de l'État. Les membres de cette Université sont chargés du contrôle de l'enseignement secondaire et supérieur dans toute la France.

Nous plaçons l'instruction publique en dehors de l'ingérence de l'État, sans cependant la soustraire à son contrôle.

Nous attachons une grande importance à la suppression de l'internat dans les lycées, car nous croyons qu'il est pour beaucoup dans les tendances révolutionnaires des jeunes gens. Après avoir gémi pendant dix ans sous le joug du tyran maladroit et mal vu qu'on appelle « le pion », l'enfant a conçu une juste horreur pour l'autorité sans prestige devant laquelle il a dû souvent plier, et il s'en souviendra toujours. Puis cette compression du collège, qui pendant si longtemps retient les élèves dans ses murs comme dans une prison, ne prépare guère ceux-ci à savoir profiter de leur liberté sans en abuser le jour où on la leur donnera. Ils saluent trop souvent leur délivrance de l'esclavage par une ivresse et un débordement d'affranchis.

Laissez-les dans leur famille, ils y apprendront

en même temps l'usage de la liberté, non pas en se grisant de grands mots et de phrases pompeuses, mais en agissant par eux-mêmes.

La distribution de nombreuses bourses sur la proposition des inspecteurs généraux avait été instituée par Napoléon et donna des résultats excellents. C'est à cette innovation que M. Thiers dut de recevoir l'instruction qui lui permit plus tard de remplir dignement les plus hauts emplois.

Art. 11. — *Cultes*. — Le respect et la liberté des cultes reconnus par l'État sont assurés dans des conditions de tolérance et de convenance en rapport avec le progrès moderne.

La liberté de conscience en matière de religion a été consacrée il y a deux siècles par l'édit de Nantes; la liberté de conscience en matière de politique finira peut-être un jour par entrer dans nos mœurs, mais nous n'admettons pas qu'un gouvernement sage puisse, au nom de la liberté, opprimer qui que ce soit.

N'oublions pas que c'est à la philosophie religieuse que la Révolution a emprunté toutes ses doctrines sur l'égalité et la fraternité des hommes, et que jusqu'à ce jour c'est à ses représentants seuls qu'il a appartenu de les mettre non seulement en paroles mais en action.

IV

Arᴛ. 12. — *Pouvoir exécutif*. — Le Pouvoir xécutif est tenu de promulguer les lois et d'en surveiller la stricte exécution.

Il est chargé à l'intérieur de la protection particulière des droits de chaque citoyen, à l'extérieur de la défense des droits et des intérêts généraux de la France.

Pour ces deux rôles, il dispose de la police, de la gendarmerie et de l'armée.

Le rôle du chef de l'État doit être surtout un rôle pondérateur. Il doit devenir l'appui et le recours de tous et doit être considéré comme tel. Qui n'a pas lu ces lettres où Sterne se montre si étonné et surpris de la profonde vénération que les paysans français professaient alors pour le nom du roi de France?

Oublieux enfin de nos vaines querelles sur des questions d'étiquette, sachons incarner dans un homme la représentation vivante de la patrie, afin que celui-ci devienne responsable de ses destinées et l'empêche de sombrer sous les assauts répétés de l'anarchie.

Arᴛ. 13. — *Police*. — La police politique est supprimée.

Il est établi une police urbaine dont les employés sont inamovibles et nommés par le ministre de la guerre. Cette police, installée dans chaque ville suivant les besoins, est aux ordres du maire mais ne peut être révoquée par lui.

Tout commissaire ou agent de police, porteur de ses insignes et régulièrement muni d'un mandat d'amener délivré par n'importe quel procureur, peut procéder aux arrestations et autres actes de son état sur tout le territoire de la France.

La police des petites villes est généralement assez mal faite parce que les agents de police, tenant à conserver leur place, se gardent bien de dresser procès-verbal contre ceux qui pourraient les faire révoquer et en arrivent ainsi à des tolérances souvent singulières.

Il est indispensable que les agents de police ne soient plus gênés dans la recherche des malfaiteurs par les formalités actuelles qui exigent un mandat d'amener émanant du procureur duquel dépend la localité où s'est réfugié l'inculpé, attendu qu'il arrive souvent que c'est grâce à ces formalités que celui-ci peut échapper à la justice.

Art. 14. — La gendarmerie ne relève que du ministère de la guerre, mais continue à dépendre des divers magistrats qui peuvent avoir besoin de son concours.

Art. 15. — *Armée.* — La loi de recrutement actuelle est appliquée dans toute sa rigueur, c'est-à-dire que la première portion du contingent reste cinq ans jour pour jour sous les drapeaux, ce qui permet de ne classer chaque année qu'un petit nombre d'hommes dans cette catégorie, et de placer le plus grand nombre dans la 2ᵉ portion astreinte à un an de service seulement. De la sorte on assure la solidité des cadres de l'armée tout en diminuant les charges du pays.

Le relèvement des commandants de corps d'armée au bout de trois ans est aboli.

Il est créé pour les commandants de corps d'armée un nouveau grade : celui de lieutenant-général.

Au-dessus des lieutenants-généraux, il est institué des capitaines-généraux, inspecteurs d'armée en temps de paix, commandants d'armée en temps de guerre.

Les propositions pour le grade de général sont soumises à la réunion des lieutenants-généraux pourvus ou non d'un commandement et définitivement arrêtées par les capitaines-généraux réunis en commission supérieure sous la présidence du chef de l'État ou du ministre de la guerre.

La question la plus importante dans l'organisation d'une armée est la création de cadres solides et bien instruits, car sans cadres il n'y a pas d'armée, et le seul moyen d'avoir de bons cadres est de maintenir un certain nombre d'hommes pendant au moins cinq ans sous les drapeaux. C'est parmi ces soldats que seront choisis les cadres, hommes énergiques capables de commander aux autres, non des lettrés susceptibles seulement de tenir des écritures.

Il est de toute nécessité de créer de nouveaux grades dans la hiérarchie militaire, et voici pourquoi : d'après les règles de la subordination, c'est, à grade égal, l'officier le plus ancien qui exerce le commandement sur ses collègues moins anciens. Si l'on place des généraux plus anciens sous les ordres de généraux plus jeunes qu'eux, n'est-il pas à craindre que ces derniers n'inspirent pas à ceux-ci cette confiance qui fait la vraie discipline, la discipline morale ? Exécuter un ordre à la lettre n'est pas en effet toujours suffisant en campagne, où la bonne volonté de tous est indispensable au succès.

V

Tels sont, en résumé, les principes généraux sur lesquels nous semble devoir reposer une organisation véritablement pratique des forces vives de la France.

L'idéal d'un gouvernement moderne doit se borner à celui du simple gendarme qui commence par respecter lui-même la loi pour avoir le droit d'en imposer ensuite le respect à tous sans exception.

Pas de phrases, mais des actes ; pas de partis, mais des hommes, tel est le programme sur lequel nous estimons que peut se faire l'union de tous les Français.

Imp. Lucotte et Cadoux, 21, rue Croix-des-Petits-Champs. Paris

Auguste GHIO, Éditeur

PALAIS-ROYAL, 1, 3, 5, 7, GALERIE D'ORLÉANS,

EXTRAIT DU CATALOGUE

Frémy (Arnould). Qu'est-ce que la France? 1 vol. in-8°,...... 7 fr. 50

Doniol (H.). La Révolution française et la féodalité. 2ᵉ édition. 1 vol. in 8°..................... 6 fr. »

Lambel (Charles). Essai sur les réformes nécessaires (Politique — Religion — Société). 1 vol. grand in 18..................... 3 fr. 50

Giacometti (G.). Le mal politique. — Ce qui a été. 1 vol. grand in-18..................... 3 fr. 50
— Ce qui est. 1 vol. grand in-18 (sous presse)...... 3 fr. 50
— Ce qui devrait être. 1 v. grand in-18 (sous presse) 3 fr. 50

Solitaire (Le). Le Contrat social du XIXᵉ siècle (sous presse) 1 vol. gr. in-18..................... 3 fr. 50
— La Démocratie. Etudes de politique expérimentale. 2ᵉ édition. 1 vol. grand in-18...... 3 fr. 50
— Le Droit au capital. 1 vol. grand in-18..................... 3 fr. 50
— Les fauteurs de la Commune, MM. Thiers, L. Blanc. 1 vol. gr. in-18..................... 3 fr. 50
— La Femme ne doit pas travailler (La femme dans l'humanité. — La femme sauvée par son travail. — La femme affranchie du travail). 1 vol. gr. in-18.. 3 fr. 50
— L'impôt et la question sociale. 1 vol. grand in-18........ 3 fr. 50

Morosti (Louis). Les Problèmes du paupérisme. — La Vérité sur la propriété et le travail. 1 vol. grand in-18..................... 3 fr. 50

Scheffer (Georges). Manuel du citoyen et de la citoyenne. 1 vol. grand in-18..................... 3 fr. 50

Hiernaux (L.). Organisation du crédit au travail. 1 v. in-8°... 6 fr. »
Ouvrage qui a remporté le prix de cinq mille francs au concours Isaac Pereire pour l'extinction du paupérisme.

Valségane. Essai sur l'organisation sociale. 1 vol. gr. in-18... 3 fr. 50

Négociant (Un). Les cahiers de 1889. brochure in-8°........... 1 fr. »

Edouard (E.). Solution de la crise industrielle en France. Brochure in-18..................... 1 fr. »

Chevalier (P.). France et réformes. Brochure in-8°........... 1 fr. »
— France et finance. Toujours la question des emprunts étrangers. Brochure in-8°.......... 1 fr. »

(*) Le Drainage de l'or français et les placements à l'étranger. Brochure in-8°..................... 1 fr. »

Diplomate russe (Un). Les Adversaires naturels de l'Allemagne, Russie et France. 2ᵉ édition. 1 v. grand in-18..................... 3 fr. 50

Général russe (Un). L'alliance franco-russe et la coalition européenne. 2ᵉ édition. Brochure in-8°. 1 fr. »
— Le prince de Bismarck et sa politique européenne. Brochure in-8°..................... 1 fr. 50

Bianconi et Ph. Guilhon. Les Menées de M. de Bismarck en Orient. Politique apparente et secrète des puissances dans le Levant. 1 vol. in-8°..................... 3 fr. »

Juste (Théodore). La Rivalité de la France et de la Prusse. 1 volume in-8°..................... 3 fr. 50
— M. de Bismarck et Napoléon III à propos des provinces belges et rhénanes. Broch. in-8°. 1 fr. »
— La vraie solution. Conflit anglo-russe. Brochure in-8°... 1 fr. »

Gortschakoff-Ouvaroff (princesse Nathalie). Juifs et Chrétiens. Brochure in-8°............... 1 fr. »

Arald (Th.) Le Déficit social de la Prusse. Brochure in-8°.... 1 fr. »

(***) Entrevue de Berlin ou les souhaits impériaux réalisés. Avec deux cartes d'Europe modifiée, coloriées. Brochure in 8°........... 2 fr. »

Vanlerberghe. Moyen très simple pour tous les gouvernements d'augmenter infiniment la prospérité de leur pays. Brochure in-8°. 2 fr. »

Plantié (Eugène). Une élection à Paris en 1789. Les cahiers électoraux de Tours. Etat parisien. Brochure in 8°..................... 1 fr. »

Roc (Jean). M. Gambetta et le pouvoir personnel. Br. in-8°. 1 fr. »

Sirven (Alfred). Le Christ, Chambord et Gambetta. Broch. in-8°. 1 fr. »

Golovine (Yvan). L'Internationale sous le rapport économique, politique et social. Br. in-8°.. 1 fr. »

Villain. Paris et la Mairie centrale. Etude de décentralisation administrative. Br. in-8°.......... 1 fr. »

Farjas (Ant.). La Question des sous-préfets. Br. in-8° .. » fr. 60

Méran (Georges). De l'organisation du pouvoir judiciaire et du principe de l'inamovibilité, Br. in-8. 1 fr. 50

Giraud (Henri), député des Deux-Sèvres, président honoraire du tribunal de 1re instance de Niort. Suppression des cours d'appel et du deuxième degré de juridiction. Brochure in-8°............... 1 fr. »

Vivien (Alphonse). A propos de la loi sur l'organisation de l'enseignement primaire, par un magistrat républicain. Brochure in-8°...... » fr. 60

—) L'Armée française en 1884 et le général de Gallifet. Br. in-8 1 fr. »

Général *.** L'Impôt du sang. 1 vol. grand in-18............... 1 fr. 50

Thalus (Vicomte de). L'armée et l'argent. Histoire d'un dernier privilège. Grand in-18.......... 1 fr. 50

—) Le Service de trois ans. Brochure in-8 .... 1 fr. »

Stark (Colonel). La République et l'armée. Service de deux ans. 1 v. grand in-18............... 2 fr. »

Sommaire : Etat actuel de l'armée. — Service de deux ans. — Travail intérieur. — Recrutement et effectifs. — Instruction des contingents et tir. — Réservistes. — Permanence des garnisons. — Armée territoriale. — Bataillons scolaires. — Armée coloniale. — Administration. — Conclusion.

Rarement livre eut plus haute portée que celui du colonel Stark, tant au point de vue de la défense nationale et de l'équilibre européen, que du rôle de l'armée dans l'organisation intérieure du pays.

— La presse entière a été unanime à le reconnaître, réserves faites au sujet des réformes pratiques préconisées par l'auteur.

Wormser. Education morale et militaire des bataillons scolaires. 2e édi-

tion. 1 vol. in-18 cartonné. fr. 75
Ouvrage adopté par la ville de Paris pour toutes ses écoles.

Aumale (Duc d'). Ecrits politiques. Lettre sur l'histoire de France adressée à Napoléon III (1861). Lettres de Verax. 2e édition. 1 volume in-18...................... 2 fr. »

Joly (Maurice). Dialogue aux enfers entre Machiavel et Montesquieu ou la politique de Machiavel au XIXe par un contemporain. 1 volume in-18.................... 2 fr. »

Waille (Marial. La France d'Afrique et ses destinées. 1 volume grand in-18...................... 1 fr. »

Rogeard. Pauvre France ! Brochure in-18 .... » fr. 60

— Propos de Labienus. 22e éd. Brochure in-18 .... » fr. 60

Maquest (Pierre). La France et l'Europe pendant le siège de Paris. Un fort volume grand in-8°... 7 fr. 50

Charbonnier. Les Allemands chez eux et chez nous. 1 vol. grand in-18.................... 2 fr. »

— Causes qui ont amené les désastres de l'armée française dans la campagne de 1870. Br. in-8° 1 fr. »

— Rapport officiel du conseil d'enquête sur les capitulations de Laon, Toul, Soissons, Schlestadt, Verdun, Neufbrisach, Phalsbourg, Montmédy, Amiens, La Fère, Thionville, Paris, Guise, Mézières, Petite-Pierre, Marsal, fort de Lichtemberg. Brochure in-8.................... 1 fr. »

— Rapport officiel du Conseil d'enquête sur la capitulation de Sedan, suivi du protocole de la capitulation. Broc. in-8° avec carte col. » fr. 75

— Procès du maréchal Bazaine. Compte rendu des débats du 1er conseil de guerre.

Précédé d'une introduction et suivi d'une table analytique des matières, d'une table alphabétique des témoins et d'une bibliographie des principaux ouvrages à consulter sur l'histoire de l'armée du Rhin et du siège de Metz.

Seule édition format de bibliothèque accompagnée de la carte coloriée des environs de Metz, exécutée au dépôt de la Guerre. 1 fort vol. in-8°.......... 6 fr. »

Chenu (A.). Mémorial de Napoléon III. 1 vol. grand in-18...... 3 fr. 50